AF542962

# RÉPONSE

## A L'OUVRAGE DE M. RAUDOT

INTITULÉ :

# DE LA DÉCADENCE DE LA FRANCE,

PAR M. A. MOTHERÉ.

SE TROUVE :

A Paris, chez GUILLAUMIN, libraire, rue Richelieu, 14;

A Auxerre, chez CH. GALLOT, imprimeur-libraire
et lithographe, rue Croix-de-Pierre, 17;

---

1850.

Auxerre, typog. et lithog. de CH. GALLOT.

# AVANT-PROPOS.

C'est par la presse étrangère que j'appris la publication du livre de M. Raudot. Au-delà de nos frontières, on s'appuie de son nom pour prouver que la France est aux abois, que sa chute ne saurait se faire attendre. Le célèbre journal anglais, *le Times*, en a fait le sujet d'un *premier Londres*.

Le *Journal des Débats*, pressentant sans doute les dangers d'un pareil ouvrage, en avait critiqué la tendance dans son numéro du 31 décembre 1849, sans toutefois chercher à le réfuter au fond. Dès le 2 janvier suivant, l'auteur répondit à cet article par une lettre dont voici le commencement :

« Vous avez bien voulu consacrer trois

« colonnes de votre journal si important à
« l'examen de *la Décadence de la France.*
« Permettez-moi de vous remercier, malgré la
« sévérité de vos critiques. *Je serais bien heu-*
« *reux si l'on pouvait me prouver, non point*
« *par des phrases, mais par des faits, que je suis*
« *dans l'erreur, car personne ne désire plus que*
« *moi la grandeur de la France!* »

Je viens répondre à cet appel. J'ai cru que l'amour de mon pays et de la vérité m'en faisait un devoir.

Ma brochure n'est pas une œuvre de parti, encore moins est-ce une attaque personnelle contre l'auteur, dont j'estime le caractère : ceux qui me liront me rendront cette justice.

*Avril* 1850.

# RÉPONSE

## A L'OUVRAGE DE M. RAUDOT

INTITULÉ :

## DE LA DÉCADENCE DE LA FRANCE.

La représentation de l'Yonne compte dans ses rangs un publiciste distingué. Son style est brillant, vif, entraînant. Il a un autre mérite que j'estime plus encore, quoiqu'il tende malheureusement à se faire rare aujourd'hui : je veux parler de la conviction dont tous ses écrits portent l'empreinte ineffaçable. Quoi qu'il dise ou écrive, on peut l'entendre ou le lire avec regret; mais on ne saurait refuser le respect à ses opinions, parce qu'elles viennent du cœur encore plus que de la tête. On sent que c'est une thèse honnêtement adoptée et soutenue, que l'on peut honnêtement discuter.

Deux ouvrages récemment sortis de la plume de cet auteur ont vivement attiré l'attention. L'un, trace le tableau de la France avant la révolution de 1789. L'autre, c'est celui dont j'ai l'intention de m'occuper, est un cri de détresse et de désespoir qui lui est arraché par le spectacle de la France, telle que nous la voyons aujourd'hui. Il l'a examinée, auscultée, et il déclare qu'elle est dans un état qui doit inspirer les craintes les plus fondées pour l'avenir. La Décadence de la France, tel est le titre de sa brochure. Ce qu'il prétend prouver, ce n'est pas que nous sommes sur le bord du précipice, mais bien que nous glissons depuis longtemps déjà sur la pente. Il ne s'agit plus que d'amortir la chute, à moins toutefois que quelque hasard, en nous suspendant sur l'abîme, ne nous laisse le temps d'échapper à une fin qui, autrement, semble inévitable.

Cet ouvrage a déjà été examiné par un écrivain de talent, qui, dans un article publié par un journal d'Auxerre, en a pris occasion de traiter ceux qui parlent de progrès comme des insensés, et les hommes en général comme des abeilles qui auraient oublié l'art de construire leurs cellules. Plusieurs journaux de Paris, beaucoup d'organes de la presse départementale, en ont fait le texte d'articles du même genre.

Recueillons-nous donc un peu; passons la main sur ces prétendues plaies qui nous rongent, et voyons si elles sont en effet des signes et des causes de dissolution.

M. Raudot assure que nous sommes en pleine décadence. Mais, hâtons-nous de le dire, ce n'est pas qu'il entende prouver que nous avons cessé absolument de progresser. Non pas! Nous avons marché, rapidement même, il le constate; mais nous avons avancé moins vite que l'Angleterre, la Russie, l'Autriche et la Prusse:

donc, conclut-il, nous avons reculé! Voici ses propres paroles :

« Pour savoir si une nation est en progrès ou en
« décadence, il ne faut pas se borner à l'examiner seule,
« mais la comparer avec les autres peuples de l'uni-
« vers, et surtout avec ses voisins.

« Qui reste immobile quand son voisin marche, qui
« fait deux pas, lorsqu'il en fait trois, passera bientôt
« du premier au second rang. »

Comment! une nation peut être en décadence, alors qu'elle est en progrès, uniquement parce que ce progrès est moins accéléré que celui de certains autres peuples! Cette proposition porte le cachet évident du paradoxe.

Un chêne qui met des siècles à croître, manque-t-il donc de sève, parce que le saule, le peuplier ont atteint à une plus grande hauteur en trente ans? Celui qui court, ira-t-il plus longtemps, d'une manière plus soutenue, que celui qui marche d'un bon pas? Enfin, peut-on dire qu'une nation est en décadence tant que le flot de sa prospérité va toujours montant? Perd-elle de sa vigueur, de son élasticité, tant qu'elle grandit, qu'elle se développe, tant que la sève bouillonne dans son sein? Mais, en vérité, cela n'est pas soutenable.

D'ailleurs, si l'on voulait sérieusement établir la discussion sur ce terrain, il faudrait commencer par retrancher de la période indiquée, déjà si courte, les années qui se sont écoulées de 1789 à 1812, c'est-à-dire vingt-trois ans. M. Raudot lui-même ne saurait y trouver des marques bien prononcées de décadence, à son point de vue. On ne pourrait donc calculer notre décroissance que de 1812 à 1847 (car nos données ne vont pas au-delà), c'est-à-dire pendant trente-cinq ans. Or, de bonne foi, est-ce d'après un pareil instant pris dans la vie d'une nation, qu'on peut juger de son avenir? Ce serait agir bien légèrement. J'ajouterai : ce serait peu sûr; car on courrait risque de se voir obligé de recommencer souvent ses calculs. Qui oserait, en effet, dire si la Prusse et l'Autriche, ces empires faits de pièces et de morceaux, ne sont pas au moment de se dissoudre? Combien de temps l'Angleterre a-t-elle encore à garder le Canada?

Que l'on me permette de raconter ici une petite anecdote *historique*, qui ne me semble pas hors de propos.

Des Anglais, enorgueillis des victoires remportées par leurs chevaux, les menaient aux Indes Orientales pour y cueillir une riche moisson de lauriers et de guinées. En passant au Caire, ils eurent la fantaisie d'écraser les chevaux arabes sous la supériorité de leurs coursiers, et ils s'abouchèrent avec des chefs de tribus pour arranger une course, où les deux races devaient entrer en lutte, et prendre ensuite le rang qui leur appartient sur l'échelle de la création. La proposition fut aussitôt adoptée que faite.

Au jour fixé, les champions des deux nations se trouvèrent au rendez-vous. Combien de jours courrons-nous, dirent les Arabes? Irons-nous à Alep, à Jérusalem, à Damas? — Oh! fit un Anglais qui s'était détaché, nous irons jusque-là : il montrait un point à quelques kilomètres de distance. Les Arabes, après avoir échangé un regard entre eux, donnèrent avec une indignation contenue et mêlée de dédain, l'ordre du départ. Ils croyaient qu'on se moquait d'eux. Une longue explication eut lieu, à la suite de laquelle ils voulurent bien consentir à faire une course de deux heures. Au signal donné, tout s'ébranla. En quelques bonds, les Anglais laissèrent les Arabes bien loin derrière eux. Mais les choses ne tardèrent pas à changer de face. Les Anglais, après la première demi-heure suaient, écumaient, soufflaient, tandis que les cavaliers arabes pirouettaient surpris autour d'eux, en les examinant curieusement. Bref ceux qui auraient, au premier moment, devancé l'oiseau dans son vol, ne purent même fournir la carrière tout entière. Ils furent obligés de s'avouer vaincus avant que la première heure fût écoulée.

Eh bien ! ce beau, ce généreux coursier arabe, aux muscles d'acier, à l'haleine inépuisable, c'est la France, notre chère patrie ! D'autres nations l'ont parfois dépassée ; mais, semblable à ces enfants du désert, elle a toujours suivi sa marche sans se ralentir. Tous les élans, tous les bonds de ses rivaux, qui semblaient devoir la laisser pour toujours en arrière, n'ont fait que jeter un éclat plus brillant sur sa force infatigable. Toujours, elle a su regagner le terrain qu'elle avait perdu un instant. Elle ne se démentira point dans l'avenir, le passé m'en est un sûr garant ! La postérité seule en sera juge !

Entrons en matière, car j'ai hâte de prouver que,

même dans le présent, la nation française est loin de le céder à aucune de ses rivales.

## TERRITOIRE.

Les quatre puissances ont énormément gagné en territoire, nous dit-on, et la France est restée renfermée dans ses limites de 1789. Que m'importent leurs vastes acquisitions? La puissance des peuples ne se mesure pas sur l'étendue de leur sol. Pour eux, comme pour les individus : tant vaut l'homme, tant vaut la terre. Je ne donnerais pas le moindre département pour la Tartarie, la Sibérie, la Caucasie, la Transcaucasie tout entières et lieux circonvoisins, dût-on y ajouter, par dessus le marché, tous les *montagnards soumis et insoumis* (*); et je suis sûr que M. Raudot serait de mon avis. Du reste, a-t-il bien bonne grace à venir faire un étalage si pompeux de tant de pays, qui ne sont connus que par la carte, alors qu'il tient si peu de compte de l'Algérie? C'est là une injustice dont il ne faut pas lui faire un crime : son patriotisme s'est laissé égarer par ses préventions politiques; seulement, constatons le fait et tenons-nous en garde contre ses terreurs paniques.

## ARMÉE. REMONTE DE LA CAVALERIE.

Je ne sais pourquoi M. Raudot a consacré un para-

(*) Voir la brochure, page 126.

graphe à cette double question. Il ne donne ni chiffres, ni citation. Il se contente d'assurer que les nations étrangères se sont enrichies en chevaux, tandis que nous nous sommes appauvris. Je pourrais, tout aussi bien que lui, affirmer le contraire. Mon assertion ne serait pas plus concluante que la sienne. J'ai confiance, toutefois, qu'après m'avoir suivi jusqu'au bout, le lecteur sera plus disposé à me donner raison que tort. Il verra qu'en présence des progrès de notre agriculture, nous ne saurions être, pour la remonte des chevaux, dans des conditions plus défavorables que lors des grandes guerres de la République et de l'Empire : nous faisions alors pourtant une certaine figure sur les champs de bataille. Vienne la guerre et nous ne ferons pas moins (*).

## POPULATION.

Sur ce point capital, dit notre auteur, la France est en pleine décadence, parce que les nations rivales augmentent beaucoup plus rapidement que la nation française.

Je renverserai la proposition et je dirai : La France devance toutes les autres nations, parce qu'elle augmente beaucoup plus lentement en population.

Qu'est-ce, en effet, que le progrès en ce genre? C'est

(*) La réponse au paragraphe : LA MARINE se trouve sous le titre : DETTES HYPOTHÉCAIRES, etc.

que le nombre des habitants ne s'augmente pas plus rapidement que la production.

Quelle est la cause d'un mouvement accéléré de population? L'expérience nous la fait trouver incontestablement dans la misère. La rapidité de l'accroissement indique, aussi fidèlement que le thermomètre pour la température, la dégradation du bien-être, non-seulement parmi les nations prises en masses, mais encore parmi les différentes classes dont elles se composent respectivement. Il est reconnu que, si tout le genre humain pouvait vivre dans l'opulence, le monde serait bientôt dépeuplé.

En France, le bien-être a été s'augmentant depuis 1789 (Voir M. Raudot, p. 16). La fécondité a suivi une progression inverse : en 1801, il y avait une naissance sur 29.77 habitans; en 1836, il n'y en avait plus que une sur 33.75. L'accroissement de population ne vient que du développement de la longévité.

Les habitants de l'Irlande ne se sont multipliés avec une vitesse si merveilleuse que depuis la fin du siècle dernier. Ils jouissaient avant cette époque d'un bien-être fort grand. Cela est attesté par tous les contemporains. Aujourd'hui, on y compte plus de trois millions d'individus obligés d'avoir recours à la charité publique; et cela, non pas pour améliorer leur sort, mais bien *pour ne pas mourir de faim*. Il y règne une famine périodique, qui dure annuellement deux mois environ (*).

(*) Un ingénieur anglais avait été chargé de la construction d'un canal en Irlande. Il se rendit sur les lieux,

Notre auteur ne l'ignore pas, car il répète à plusieurs fois qu'il ne veut pas comprendre, dans ses calculs de comparaison, l'Irlande, *à cause de sa misère.* C'est un procédé fort commode qui le débarrasse d'une objection sans réplique. J'y consens cependant. Toujours est-il que, de son aveu même, le progrès réel ne consiste pas dans un accroissement indéfini de population, puisque le pays où il est le plus rapide renferme incontestablement le plus malheureux des peuples.

Mais alors où faudra-t-il s'arrêter pour rester dans les limites du bien? Sera-ce au point où en est l'Angleterre plutôt que la France? M. Raudot dit oui, parce que cela produit plus d'hommes; moi je dis non, parce que les hommes ont moins de bien-être et par conséquent valent moins. Voyons à qui les faits donneront tort.

M. Samuel Laing jeune, dans son *Prize-Essay,* pour le journal l'*Atlas,* s'exprime ainsi : « Des preuves certaines tendent à démontrer que la condition de « l'ouvrier agricole anglais s'est sensiblement détériorée depuis la fin du siècle dernier. Autrefois, presque « chaque villageois avait sa vache et son morceau de « terre. Maintenant il est extrêmement rare de trouver « un journalier qui ait l'une ou l'autre. Alors il gagnait

mais ne put y trouver un seul ouvrier capable de travailler, tant la population avait été affaiblie par la famine. Il prit trois cents hommes, les nourrit abondamment pendant plusieurs jours; puis, quand il les vit *remontés* au physique et au moral, il les mena à l'atelier, où ils se conduisirent en bons et braves ouvriers.

« sept à huit francs par semaine, mais il y trouvait de « quoi subvenir à l'entretien de sa famille et à sa « nourriture, dans laquelle il entrait sept livres de « bœuf, une livre et demie de beurre, deux livres et « demie de fromage, du thé, du sucre, etc. Aujourd'hui, « il reçoit au plus pour une semaine de travail douze « francs, qui ne peuvent lui payer qu'une livre de « viande en huit jours, sans lui laisser de réserve pour « son loyer, son habillement, l'éducation de ses « enfants, etc. » (*).

Veut-on que je complète la comparaison, en expo-

. . . . . . . . . . . . . . . . . . . . . . . . . . . .

(*) Cet auteur écrivait en 1844; mais un débat qui a eu lieu récemment au sein de la chambre des communes, a revélé que les salaires sont beaucoup diminués depuis l'abrogation des lois sur les céréales. Un membre de cette assemblée a cité un comté agricole où le taux en est baissé d'un tiers.

Remarquons en passant la profonde différence qui existe dans l'organisation sociale des deux pays. En Angleterre, l'ouvrier est complètement à la merci du maître qui règle souverainement le prix du travail. Le despotisme de celui-ci n'est tempéré que par la loi des pauvres, qui lui impose l'obligation de suppléer par les aumônes à l'insuffisance de la maigre pitance dont il paie les sueurs de celui qu'il emploie. En France, nous n'avons point de législation semblable, mais l'ouvrier se protége lui-même. Malgré la baisse des provisions depuis 1848, il gagne autant qu'auparavant.

Je laisse au lecteur à juger où est l'avantage.

sant le sort des ouvriers travaillant à fabriquer les tissus?

Il y a soixante-dix ans environ, les inventions mécaniques de Hargrave, d'Arkwright et de Crompton ne faisaient que de créer le système des fabriques. Jusque-là, ce que l'on appelle en Angleterre le système domestique, avait seul fait les frais de la manufacture dans toutes ses branches. Alors, une famille vivant à la campagne cultivait la terre et fabriquait en même temps. Elle n'avait ainsi aucun chômage. Chacun de ses membres avait sa part de travail en plein air, et d'occupation sédentaire. Aucun ne s'étiolait; les enfants grandissaient et se développaient au gré de la nature laissée libre; les adultes conservaient leur santé. Un jeune ouvrier avait, en se mariant, un espoir presque certain de s'élever dans la société, et d'acquérir de l'aisance. Il ne fallait pour cela que de la conduite et un peu d'économie.

Voilà ce qu'étaient les masses à cette époque.

Aujourd'hui, qui n'a lu les récits que font tous les témoins oculaires des horreurs de ce système des fabriques, où nul ouvrier n'est sûr de son lendemain? où ceux qui peuvent satisfaire toute leur faim, en travaillant sans relâche, sont une rare exception? où la substitution du travail des enfants et des femmes à celui des hommes, jette annuellement sur le pavé quarante à cinquante mille ouvriers, qui n'ont pas d'autres ressources que de changer de métier à vingt ans, ou de se faire voleurs, — à moins toutefois qu'il ne se livrent à la *fabrique* des enfants, seul article de production désormais à leur portée? où les hommes laborieux et rangés sont obligés de se faire ménagères? J'ai connu des maris, dit un des commissaires chargés par le Parlement de faire un rapport sur l'état sanitaire de Leeds, j'ai vu bien des maris, animés de l'amour du travail, qui, non-seulement faisaient le ménage, mais encore portaient leurs enfants à la manufacture pour les y faire allaiter par leurs mères.

Voici encore ce que je copie dans l'ouvrage de M. Laing :

« Nous avons la conviction que nous ne dépassons « pas la vérité, en portant à trois millions ou un « sixième de la population totale, le nombre de ceux « qui sentiraient habituellement les angoisses de la faim « et du froid, s'ils n'avaient pas d'autres ressources que « les gains d'une industrie légitime, et de ceux qui « vivent entièrement ou en partie des produits du « crime ou des aumônes publiques ou privées. En « Irlande, la proportion se rapprocherait davantage du « tiers. Cela donnerait, pour les trois royaumes, une « moyenne de plus d'un cinquième de la population, « qui serait dans l'impossibilité de vivre d'une indus- « trie honnête. Et cela, qu'on s'en souvienne, c'est en « dehors de 1,300,000 pauvres, qui reçoivent les « secours officiels. »

« Nous sommes également convaincu que ce nombre « *a été et va encore en croissant.* En effet, une grande « partie des ouvriers qui se suffisent à eux-mêmes, « comprenant le gros de la population manufacturière « et agricole, sont dans une position à ne pouvoir, par

« leur travail, s'entretenir dans une décence et un « bien-être passables, ni faire des économies pour les « temps de maladie, pour la vieillesse, pour les chô- « mages, ni pour aucun autre des nombreux accidents « qui peuvent à tout moment les plonger dans la classe « des indigents. »

En résumé, l'existence du Royaume-Uni repose presque tout entière aujourd'hui sur le système manufacturier. Ce système, par ses oscillations d'activité et de stagnation, jette irrésistiblement le peuple dans la misère; la misère donne au mouvement de la population une impulsion accélérée, qui à son tour développe la misère. Toutes ces causes, tous ces effets empruntent les uns des autres une intensité qui a été jusqu'à présent, va actuellement, et ira dans l'avenir fatalement en croissant.

Tel est l'état de cette nation dont vous enviez le sort pour la nôtre. Jetez maintenant les regards sur ce qui se passe en France.

M. Léon Faucher, dans ses *Etudes sur l'Angleterre*, fait la remarque suivante: A Paris, en l'an X (1801), la liste des indigents comprenait 116,626 personnes, et 102,800, en 1813; au 31 décembre 1844, on y trouvait portés 66,148 pauvres, et la population compte environ 300,000 âmes de plus. Qu'on se le rappelle, il s'agit de Paris, la ville la plus grande du territoire, celle où la densité de la population, et le concours des étrangers doivent développer au plus haut point tous les germes de misère.

M. Samuel Laing, dont j'ai déjà invoqué le témoignage, reconnaît que la population en France s'est accrue de quarante pour cent, de 1789 à 1840, que la richesse nationale a quintuplé, et que presque tous les produits agricoles ont plus que doublé.

Dans une discussion où il s'agit du progrès ou de la décadence des deux nations, ne pourrais-je pas m'arrêter ici? L'une augmente en population avec une rapidité prodigieuse, mais le paupérisme ne marche pas moins vite, et déjà il a absorbé un cinquième de ses habitants. L'autre suit un mouvement plus lent pour sa population, mais sa richesse, ses produits grandissent avec beaucoup de vivacité, et le paupérisme diminue chez elle. Laquelle des deux avance? laquelle recule?

M. Raudot reconnait lui-même les faits que j'ai énumérés, tout en les amoindrissant. *En général*, avoue-t-il, *le bien-être a fait des progrès sensibles en France.* Pour le Royaume-Uni, il affirme seulement qu'il n'y a pas de mouvement rétrograde à cet égard. Encore une fois, cela ne suffit-il pas pour trancher la question contre lui, sur ses propres données?

Cependant, loin de s'avouer vaincu, il renie tous nos avantages, et soutient que la *guerre sociale* a malheureusement éclaté en France. En vérité, c'est un enfantillage que d'appliquer un si grand mot à une si petite chose. Que s'est-il donc passé? Les calculs les plus exagérés évaluent à 120,000 hommes les ateliers nationaux qui ont élevé les barricades en juin 1848. Multiplions ce nombre par quatre : en leur supposant une femme et deux enfants chacun, et certes cela dépasse de beaucoup la vérité. Nous aurons 480 mille ames qui sont ou du moins ont été réellement en armes contre la société. Dites, si vous voulez : un million. Et cela mettrait en danger l'ordre de choses soutenu par les 34 millions qui restent ! Beaucoup qui ne sont pas descendus dans la rue sont de leur parti, je l'accorde; mais ceux-là ne lutteront qu'aux élections. Ils ne mettent donc pas en péril nos institutions, ils les reconnaissent au contraire, et s'y soumettent ouvertement.

Mais vous qui nous parlez sans cesse de l'Angleterre, veuillez donc regarder ce qui s'y passe. Là, plus de trois millions d'hommes se comptent parmi les chartistes, ces gens qui travaillent à l'abolition de la propriété, et *autres monopoles* de cette nature; qui ont même tenté d'entrer en lutte à main armée contre la société. Voilà la guerre sociale, ou du moins ce que l'on pourrait qualifier de ce nom ! trois millions d'hommes ou près de la moitié de la population adulte mâle de la Grande-Bretagne attaquant l'autre ! Vous avez vu comme, en 1849, leur levée de boucliers aboutit à une issue ridicule. Ce serait insulter à la France que de craindre pour elle un autre résulat.

Malgré tout ce que l'on peut dire, objecte M. Raudot, il n'en est pas moins vrai que le premier élément de la puissance d'un peuple, ce sont les hommes. Sans doute ce principe était bon à Salente, mais nous sommes dans l'Europe centrale et en 1850. La difficulté, le problème a résoudre n'est pas d'avoir des hommes, mais bien de nourrir ceux qu'on a, et de déverser le trop-plein au dehors. Si M. Raudot y tient essentiellement, qu'il aille en Angleterre. Les dépôts de mendicité y contiennent plus d'un million d'indigents. On les lui donnera jusqu'au dernier, avec un billet de 132 fr. 20 c. dans la poche de chacun, sans compter le gré qu'on lui saura. (Voir le *Times*, 15 février 1850.) Croyons-en les Anglais : voilà un demi-siècle qu'ils luttent contre ce torrent, ils doivent en connaître la force, par expérience; eh bien! la multiplication désordonnée de la population est le seul danger social qui les préoccupe sérieusement.

Nous n'avons pas encore déblayé entièrement le terrain. Il reste encore répandu çà et là quelques arguments secondaires dont on avait cru devoir soutenir l'attaque principale. Je n'aurai pas, je l'espère, beaucoup de peine à les faire disparaître.

En 1815, dit-on, il y avait d'un côté, 30 millions de Français, de l'autre, 108 millions de Russes, Anglais, Autrichiens et Prussiens; en 1849, il y a 35 millions de Français en présence de 154 millions.

Ne semblerait-il pas que nous sommes encore en face de la Sainte-Alliance? On oublie que nous n'avons eu les attaques combinées des quatre grandes puissances à repousser, qu'au jour où l'Angleterre a cru devoir en faire les frais. Mais aujourd'hui, en supposant même que cette nation ait le moyen de renouveler cette dépense, la position relative des partis a bien changé. Croit-on qu'il fût bien de son intérêt actuellement de nous sacrifier, par exemple, à cette Russie qui touche au Caboul et domine à Téhéran, et de là, jette déjà un regard de convoitise sur les richesses des Indes? A cette Russie qui possède presque les principautés danubiennes, porte la main sur Constantinople, et voit de fort mauvais œil qu'on ose s'occuper de la Grèce? Croit-on que, de son côté, l'Autriche se prêtât de bien bonne grâce à une combinaison qui pourrait avoir pour résultat possible l'agrandissement de cette Prusse, dont le roi est le chef élu du nouvel empire allemand? Et la Russie, enfin, favorisera-t-elle le développement de la puissance anglaise qui, presque seule, s'oppose à l'exécution de ses projets séculaires? Rassurez-vous donc, les uns ne vous attaqueront pas sans que les autres interviennent pour prendre votre parti. Rappelez-vous, en effet, les efforts énergiques de l'Angleterre elle-même pour conserver notre intégrité territoriale après Waterloo. Les eût-elle faits si notre existence ne lui eût pas importé?

On nous parle ensuite de la reconstitution de l'empire allemand. On s'imaginerait, à la manière dont on agite cet épouvantail devant nous, que le Rhin et la Baltique vont s'écarter pour exposer au soleil de nouvelles régions peuplées de nations qui vont sortir de terre. Avons-nous jamais pu considérer comme nos amis véritables tous ces petits états qui sont au-delà du fleuve? — Les intérêts sont distincts aujourd'hui, et ils seront confondus alors. — Soit, mais est-ce que l'on s'attend à voir surgir un empire despotique? Est-ce qu'il n'aura pas un parlement électif, dont les décisions seront le résultat des intérêts multiples et variés des électeurs répandus sur la surface de son territoire? La différence dans la direction de l'ensemble pourra-t-elle être si grande qu'on se plaît à le dire? D'ailleurs, n'y gagnerons-nous pas au moins la neutralité de l'Autriche, ou, dans le cas contraire, de l'Allemagne, devenue sa rivale? En vérité, c'est là une fantasmagorie qu'il ne faut plus évoquer.

Enfin, on objecte que la Prusse et l'Autriche ont grossi leur population par suite de leurs acquisitions territoriales. Cela est vrai, et si je n'en ai point parlé, ce n'est pas sans cause. Je ne vois pas en effet ce que l'Autriche a gagné en puissance réelle par l'annexion de l'Italie septentrionale, qu'elle est obligée de reconquérir tous les quatre ou cinq ans. Sait-on, d'un autre côté, ce que deviendrait, sous le choc de la guerre, cette Prusse qui s'étend comme un vaste serpent depuis Dantzick jusqu'à Aix-la-Chapelle.

Quant à la Russie, c'est un colosse de neige qui fond en s'approchant du midi : demandez à Suwarow.

Tout considéré, je me féliciterai de la position territoriale de la France, de son état social, des progrès de son bien-être et de l'accroissement de puisssance qui en découle nécessairement. Et je m'écrierai : Si vous voulez voir un peuple en décadence, sortez de notre pays, car la France, d'après vos données mêmes, est en plein progrès.

## RICHESSE.

L'accroissement de la richesse en France est incontestable, M. Raudot le reconnaît. Il en constate même la grande rapidité: de 1827 à 1846, le commerce général a passé de 1 milliard 168 millions à 2 milliards 437 millions. Le chiffre est plus que doublé; et il en est de même de toutes les variétés de la richesse nationale. C'est donc encore ici, comme dans tout ce livre, un très-grand progrès absolu, mais une décadence relative, que l'on veut faire toucher du bout du doigt. La tâche est difficile, voyons comment on s'en acquitte.

Après avoir effleuré la question en elle-même, et posé en principe que les importations sont un signe de pauvreté, on retourne à la population, et l'on dit:

« Mais il est une autre preuve plus générale et plus « certaine que nous avons été dépassés, sous le rapport « des produits, par nos voisins. La France est le pays « où la population s'est accrue le moins rapidement, « on peut en conclure que c'est le pays où très certai- « nement la richesse s'est accrue le plus lentement.

« Ainsi la richesse, proportion gardée avec ce qu'elle « était en 1816, dans les différents états, s'est accrue *nécessairement,*

« En Autriche près de deux fois;

« En Russie deux fois et demie;

« En Angleterre trois fois;

« En Prusse plus de trois fois plus qu'en France. »

Singulier critérium que celui de mesurer la richesse effective d'un individu, sur ce qu'il devrait dépenser! Un homme qui avait quatre mille francs de rente avant de se marier, a-t-il augmenté son revenu par le seul fait qu'il a une femme et quatre enfants à nourrir? Son voisin, qui jouissait d'une fortune égale et s'est contenté de rester garçon, en est-il plus gêné et moins capable de subvenir à ses besoins, de faire face à ses affaires? N'est-ce pas précisément le raisonnement contraire que l'on fait, à moins toutefois que l'on ne puisse compter avec les gens ou voir comment ils vivent? Il doit en être de même pour une nation. Avant d'assurer qu'elle a augmenté sa richesse en raison directe de sa population, ne demanderez-vous pas si la production a suivi la même progression?

Cependant, dites-vous, si les choses ne se passaient pas ainsi, on mourrait de faim. — Qui vous dit que non? Ne vous ai-je pas démontré, au contraire, qu'il en est ainsi en Angleterre. Voilà précisément pourquoi un accroissement de population désordonnée est une cause de ruine au lieu d'être un progrès.

Mais enfin, reprenez-vous, il faut bien 160 fr. au minimum pour l'entretien d'un individu, et j'ai opéré sur ce chiffre. — Ah! c'est là la base que vous avez adoptée uniformément? Nous allons voir si elle est nécessairement juste pour toutes les nations.

D'abord, elle ne l'est pas pour toute la Grande-Bretagne. Les documents officiels récents constatent que les dépôts de mendicité y contiennent plus d'un million d'indigents, qui y sont entretenus à raison de 132f 44c par tête. Voilà d'abord une différence de 27f 56c. Dans ces établissements, on a une nourriture saine, on est chaudement vêtu et logé. La vie, en un mot, y est beaucoup meilleure, que celle des indigents du dehors. Ceux-ci ne redoutent d'y entrer que par amour pour leur liberté. Or, nous avons vu qu'il y a trois millions d'habitants qui auraient, par leur misère, le droit d'y être admis. Cela forme un total de quatre millions. Réduisons-le à trois. Pensez-vous maintenant que votre base puisse être appliquée aveuglément et uniformément à ce pays? Ne faudra-t-il pas, au contraire, déduire du produit total ce qui est consommé par ces infortunés? Remarquez-le bien : cette partie de la population est précisément celle qui se multiplie avec une rapidité si prodigieuse.

Votre règle, l'appliquerez-vous à ces tribus nomades qui parcourent les déserts immenses de la Russie? à ces montagnards soumis et insoumis que vous énumérez, avec tant de complaisance, parmi les peuples de cet empire? S'il faut 160f pour vivre à ces sauvages, à ces indigents de la Grande-Bretagne, cela suffira-t-il pour la France, où le bien-être est si grand et si universellement répandu, où le paupérisme est à proprement parler inconnu?

Nous avons emprunté le mot de paupérisme aux Anglais, et nous croyons avoir la chose. Tous les efforts de l'administration tendent à la création de bureaux de bienfaisance. Le maire, la municipalité ont beau s'en défendre. Nous n'avons pas de pauvres! s'écrient-ils. Il n'importe ; la commission est nommée, le bureau est constitué, c'est à lui à chercher ses indigents. De désespoir, il distribue aux premiers venus, et pour s'en débarrasser, le peu d'argent en caisse ; puis il porte en compte telle somme donnée à tant de personnes. Ces chiffres sont recueillis et transmis précieusement à Paris pour la statistique, et le monde est officiellement informé que le paupérisme s'est accru en France de tant d'individus. Puis l'on fait de belles spéculations sur cette matière. On se félicite de l'accroissement de l'assistance publique, sans penser à se demander si les secours n'ont pas précédé les besoins, et si, par suite, l'on n'a pas démoralisé d'autant la population (*).

Vous persistez à maintenir votre base de 160 francs? Eh bien! je vais vous démontrer que vous êtes en contradiction avec les faits, et avec vous-même.

Avec votre base vous donnez nécessairement à la Russie un revenu national de 11,200 millions, tandis que l'Angleterre, même d'après Mac Culloch, n'a que 8 milliards au plus. Croyez-vous à cela? Je ne pousserai pas l'examen plus loin à l'égard des puissances étrangères, sur lesquelles vous ne donnez rien de précis.

Passons donc à la France. Le revenu s'y est accru *nécessairement*, selon vous, de 912 millions depuis

(*) Le dissolvant le plus actif des sociétés, c'est la charité publique. C'est ainsi que l'Irlande tout entière a été réduite à l'état où nous la voyons. Il est impossible d'étudier son histoire moderne, et particulièrement les récits les plus authentiques de la famine de 1847, sans demeurer convaincu que là est la source presque unique des souffrances de cette nation. (Voir *Histoire de la Famine d'Irlande en 1846-47*, par M. Trevelyan, Gallot, Auxerre, 1849.) Le fameux cri : *Panem et circenses* des Romains, n'est-il pas la proclamation historique de cette vérité, telle qu'elle est illustrée par l'antiquité ?

1816, parce qu'il y a 5,700,000 français de plus. A cette époque, la fortune publique ne devait être, en ce cas, que de 2,188 millions, puisque vous ne la portez aujourd'hui qu'à 3,100 millions. Mais cela ne donne, au lieu de 160f, que 72f 93c pour chacun des 30 millions d'individus qui existaient alors. Ainsi voilà dans le même pays 30 millions d'ames qui ne dépensent que 72f 93c par tête pour subsister, et 5,700,000 qui en consomment au moins 160; et cela de toute nécessité! Ainsi, voilà 30 millions de Français à qui vous n'accordez que 72f 93c pour vivre, et vous assurez qu'il en faut nécessairement 160 pour chacun de ces 30 millions de sauvages, errant dans les déserts glacés de la Russie européenne et asiatique. De bonne foi, est-ce croyable? est-ce possible?

160 francs est le minimum qu'un être humain puisse dépenser : à ce compte, le revenu net de la France serait *nécessairement* de 5,712 millions. Et cependant, vous prétendez être généreux en lui accordant 3,100 millions. Vous vous trompez au moins une fois. Quelle confiance voulez-vous qu'on ait en vos calculs? Votre base n'est donc pas nécessairement vraie? Si elle ne l'est pas, en quoi tout cela prouve-t-il que la France est, sous ce rapport, en pleine décadence, comparativement avec les autres nations?

L'argument des 160 francs n'a paru, ce semble, ni clair, ni concluant à l'auteur de la brochure. Il en a cherché un autre, pour faire comprendre l'infériorité de la France, et il a cru le trouver dans la comparaison de son revenu foncier avec celui de l'Angleterre.

Voyons un peu s'il a eu le malheur de mieux réussir.

Et d'abord, en guise d'avis au lecteur, je présenterai une petite observation qui pourra faire juger combien notre auteur se laisse aisément emporter par ses préoccupations et par le désir de les faire partager.

Dans la première édition de la brochure, on lit, page 18 : Le produit de l'income-tax suppose un revenu, pour les propriétaires d'Angleterre et d'Ecosse seulement, de 2 milliards 815 millions 450 mille francs; en y ajoutant le revenu des propriétaires ayant moins de 3,750, *très-certainement le sol de l'Angleterre et de l'Ecosse seules donne un revenu net supérieur à trois milliards.*

La troisième édition, dans le même paragraphe, par une petite note au bas de la page 17, annonce qu'il y a eu erreur de 585 millions 413 mille francs dans le revenu accusé par l'income-tax. En effet, le texte ne le porte plus qu'à 2 milliards 230 millions 37 mille francs; mais la phrase ne finit pas moins par assurer que le total du revenu net foncier est toujours *très-certainement supérieur à trois milliards.*

Cela vous étonne, mais que vouliez-vous qu'il fît? Retrancher un sou sur ce chiffre, c'était détruire l'effet. Certes, ce n'est pas trop de trois milliards pour s'écrier lamentablement : « Le sol entier de la France rapporte « à peine en revenu net les deux tiers de la propriété « foncière du Royaume-Uni. Quelle effrayante infé- « riorité pour la France! » Et, je vous le demande, que fût devenu le paragraphe tout entier sans l'exclamation?

Dans cette extrémité, l'auteur maintint d'abord les 184 millions 550 mille francs pour le revenu de la petite propriété foncière, et combla son déficit avec l'Irlande, qu'il déclare lui-même ailleurs exclure de tous ses calculs, à cause de son extrême misère; l'Irlande, qui coûte à l'Angleterre plus qu'elle ne lui rapporte; l'Irlande, que les Anglais voudraient si bien voir fuir au milieu de l'Océan pacifique, afin d'avoir un prétexte pour l'abandonner; cette Irlande enfin où ils n'ont pu trouver de revenu à imposer, eux qui n'ont pas dédaigné les 229 millions 450 mille francs de l'Ecosse, les 571 millions 800 mille francs montant, pour la Grande-Bretagne, du bénéfice présumé de l'exploitant propriétaire ou fermier! Il prit cette Irlande et la gratifia de ces 585 millions 413 mille francs qui lui manquaient; puis aux mots *Angleterre et Ecosse seules*, il substitua celui de *Royaume-Uni;* et ses trois milliards lui restèrent intacts, et il conserva son exclamation (*).

Pour comparer la richesse des deux peuples, on se

(*) Il est bien entendu que, dans les calculs auxquels je vais me livrer, je n'entends aucunement établir d'une manière rigoureuse la somme des revenus de l'Angleterre et de la France. Ce que je me propose de faire, c'est de démontrer que les chiffres de la brochure ne sont pas suffisants pour en tirer les conclusions que l'on nous présente comme en découlant nécessairement. Si je devais examiner la question sérieusement, j'opérerais autrement, sans toutefois arriver à des résultats différents.

contente de convertir les monnaies par une simple opération arithmétique. Je proteste contre cette manière de procéder. Il n'est pas vrai que la livre sterling, par exemple, soit partout et toujours l'exacte représentation de 25 francs de notre monnaie. Chez nous, 1,500 francs font vivre, pendant un an, toute une famille dans l'aisance; la même somme peut à peine payer le loyer d'une misérable cabane en Californie, pendant un mois. L'argent n'a donc pas la même valeur dans les deux pays. La différence vient de la plus ou moins grande abondance des divers objets du commerce, eu egard aux métaux monnayés. Des cas extrêmes existent, il y a donc des points intermédiaires. Pour les déterminer, il faut calculer ce à quoi une somme d'argent équivaudra chez les deux peuples que l'on met en parallèle. Ainsi, pour revenir à notre discussion, le quarter de blé vaut aujourd'hui en Angleterre 50 francs de notre monnaie, la même quantité de ce produit agricole se vend en France 37 francs. La différence est de près d'un quart. Les autres objets nécessaires suivent à peu près la même proportion, et l'on peut dire hardiment que la somme suffisante pour vivre une année entière en France, ne durerait pas plus de neuf mois chez nos voisins de l'autre côté de la Manche. Mais je veux me montrer généreux, je me contenterai d'ajouter un quart seulement au chiffre représentatif de la richesse française, pour compenser l'inégalité des valeurs. Remarquez-le bien, cette déduction est surtout nécessaire ici. Il ne s'agit pas en effet de compter des écus, mais bien d'évaluer en argent la quantité des produits agricoles dans les deux pays; produits que vous dites avec raison être la seule richesse véritable. Or, pour que cette appréciation soit juste et égale, il faut les mener au même marché (*).

Ainsi les 1,968,000,000 auxquels M. Raudot réduit notre revenu foncier devront être grossis d'un quart, soit ensemble . . . . . . . . . . . . . . 2,460,000,000

Le revenu net du Royaume-Uni est de 3 milliards, chiffre merveilleux, élastique, dont on peut retrancher 585,413,000 sans le diminuer, ci . . . 3,000,000,000

La différence se trouve réduite à. . 540,000,000

Mais ce n'est pas tout.

Les lois sur les céréales permettaient l'importation des produits agricoles dans les îles Britanniques, alors seulement qu'ils y avaient atteint un prix de famine, pour ainsi dire. Elles avaient pour but et pour résultat de donner au sol une valeur artificielle. Tous les baux sur lesquels l'income-tax a été basée, sont antérieurs à l'abrogation de ces lois. Aujourd'hui, les fermiers qui paient leurs loyers, comme s'ils étaient protégés, et ne le sont pas, se plaignent. Les propriétaires ont reconnu,

(*) D'ailleurs les capitaux métalliques sont encore bien plus éloignés d'avoir une valeur identique. En France, le *minimum* de l'intérêt sur argent prêté est de 5 p. 100 ; en Angleterre, le *maximum* est de 4 p. 100. Voilà une différence de 1/5, qui s'élèvera certainement à 2/5, si l'on compare les moyennes.

pour la plupart, la justice de ces réclamations, et sir Robert Peel entre autres a abandonné à ses tenanciers vingt pour cent de leurs fermages. Tout le monde croit que la perte est plus grande. Tenons-nous en à ce chiffre cependant, et réduisons d'un cinquième ces fameux. . . . . . . . . . . . . . . . . . . 3,000,000,000

| | |
|---|---|
| Soit, un cinquième . . . . . . . . . . . | 600,000,000 |
| Il ne reste plus que. . . . . . . . . . | 2,400,000,000 |
| Comparons-le au revenu français rectifié. . . . . . . . . . . . . . . . . . | 2,460,000,000 |
| Reste en faveur de ce dernier . . . | 60,000,000 |

Voilà déjà les rôles changés !

Mais ce n'est pas tout.

Les 2 milliards 460 millions de francs du revenu foncier de la France sont nets de tout impôt. Cependant, des 3 milliards anglais, vous n'avez pas retranché les 65,117,300 francs, montant de l'income-tax. Vous ne pouvez vous y refuser. Faisons donc l'opération :

| | |
|---|---|
| Revenu rectifié anglais. . . . . . . | 2,400,000,000 |
| Montant de l'income-tax. . . . . . . . | 65,117,300 |
| Reste. . . . . . | 2,334,882,700 |
| Revenu rectifié français. . . . . . . | 2,460,000,000 |
| Balance en faveur de la France. . . | 125,117,300 |

Attendez pourtant encore, car ce n'est pas tout.

Il est une autre espèce d'impôts dits : assessed-taxes, prélevés, comme l'income-tax, sur le revenu net anglais, mais concurremment avec cette dernière taxe. Le montant en est d'environ 2 $^{3}/_{4}$ pour cent. Je le mets à 2 seulement, car je ne veux pas me montrer trop rigoureux. Faisons une nouvelle opération :

Le revenu accusé par l'income-tax est de. . . . . . . . . . . . . . . . . . . 2,230,037,000

Le 2 p. 100 est de. . . . . . . . . . . 44,600,740

Maintenant opérons sur le revenu net foncier rectifié, comme nous l'avons vu, et nous trouverons que la balance de 125,117,300, établie plus haut en faveur de la France, se trouve portée à 169,718,040.

Certes, nous voilà loin de compte ; et mes calculs reposent sur vos données.

La preuve que les miens sont justes et ceux de la brochure faux, je n'irai la chercher ni dans la statistique officielle française, ni dans les auteurs français qui ont traité cette matière ; vous diriez, suivant votre habitude, que tout cela est fait en vue d'exalter la France. Je la prendrai, cette preuve, chez les écrivains anglais, si connus par leur prévention envers les autres pays comparés au leur. L'*Encyclopœdia Britannica* porte le revenu foncier brut de la France à 6,750 millions et borne celui des îles britanniques à 4,675 millions. Soyez sûr que ce dernier pays n'est pas maltraité. Et cependant on est bien loin de prétendre avec vous, que le sol entier de la France rapporte à peine en revenu net les deux tiers de la propriété foncière du Royaume-Uni.

J'espère, en tout cas, que la différence entre les deux revenus ne vous paraît plus si effrayante. Et pourtant, je pourrais encore mettre à l'avoir de la France ces 585,813,000 francs que vous donnez si gratuitement à l'Irlande (*). Mais je veux bien vous croire

(*) En 1849, le gouvernement britannique, las de nourrir les pauvres en Irlande, proposa au Parlement une loi pour forcer ce pays à les sustenter lui-même. Les membres irlandais se divisèrent pour combattre cette mesure. Les uns la repoussèrent purement et simplement. Les autres s'exprimèrent ainsi : Le revenu foncier de toute nature s'élève à 13 millions sterling, soit 335 millions de francs. En le soumettant à l'income-tax, le fisc percevra une somme beaucoup plus forte que celle qui est nécessaire pour les pauvres. Frappez-nous de l'income-tax, mais abandonnez la loi. On ne se laissa pas prendre à cette apparente générosité ; on savait bien que ces beaux 335 millions se seraient évanouis, quand l'État aurait voulu y porter la main ; et le bill primitif fut adopté, malgré la répugnance des Irlandais.

Voici, en effet, deux faits énoncés en plein Parlement, et non contredits. Ils pourront donner une idée de l'état de ce pays.

Dans l'Union ou arrondissement du dépôt de mendicité de Clifden, trois domaines, qui composent les trois quarts de la superficie, ne rapportent *absolument rien* à leurs propriétaires. Tout est absorbé par les pauvres.

Dans l'Union de Kilrush, dont la population est de 80,000 âmes, tandis que 12,500 indigents recevaient des secours, *il est mort de faim* 21 personnes au mois de novembre, en décembre 71, en janvier 140. Et cela, pendant qu'en France, à quelques cents lieues de là, le blé valait 12 à 13 francs l'hectolitre !

Que l'on nous parle après cela d'un revenu net foncier s'élevant, pour l'Irlande, à 585 millions de francs !

plus habile que les Anglais eux-mêmes, qui n'ont pu lui en trouver aucun, et j'en resterai là (*). C'en est assez, je pense, pour vous faire voir qu'il y a non pas décadence, mais bien progrès, et progrès im-

(*) Pour bien faire comprendre la manière dont l'impôt frappe le contribuable anglais, je ne crois pouvoir mieux faire que de donner la traduction de la lettre que l'on va lire. Elle m'a été adressée par un propriétaire dont je considère l'amitié comme un honneur.

Le montant de l'income-tax est calculé sur le revenu net, déduction faite de la taxe des pauvres, de l'impôt foncier, des taxes du comté (équivalentes à nos centimes départementaux), etc. C'est ce que va vous rendre parfaitement intelligible le tableau suivant, qui présente en nombres ronds, ma position à l'égard du fisc.

| | | | |
|---|---|---|---|
| Mon revenu brut est de | | | 29150 f. |
| A déduire : | Impôt foncier | 800 | |
| | Taxe des pauvres | 2300 | |
| | Impositions du comté | 400 | |
| | Impôts divers | 650 | |
| | Total à déduire | | 4150 |
| | Revenu net | | 25000 f. |
| | Income-tax | 750 | |
| | Assessed-taxes | 675 | |
| | | | 1425 |
| | Reste | | 23575 f. |

Les impôts équivalent, année commune, au cinquième du revenu foncier.

mense, relatif et absolu. Et tout cela s'est accompli au milieu des convulsions de la fin du dernier siècle, des guerres gigantesques de l'Empire, et des incertitudes politiques qui n'ont cessé de nous tenir en émoi, au milieu d'un état constant de révolutions. Le jour n'est pas éloigné, sans doute, où nous aurons une Constitution appropriée à nos mœurs, et alors... oh! alors nous pourrons nous écrier avec le poète: L'avenir! l'avenir est à nous!

## REVENU NATIONAL.

La brochure contient un examen de notre revenu national. Après avoir taxé d'exagération tous les calculs faits jusqu'aujourd'hui, on en fixe le chiffre à 3,100 millions pour l'agriculture, le commerce et l'industrie (exclusion faite, sans doute, des rentes et des salaires des fonctionnaires), puis on énonce le montant des impôts et l'on s'écrie : « C'est dans ce pays que les « taxes de toute espèce sur ces sources *uniques* de la « richesse s'élèvent à 1,200 et jusqu'à 1,600 millions! « N'y a-t-il pas là une exagération qui explique l'état « de détresse d'une grande partie de la France? »

En effet, cela est tellement exagéré que cela n'est pas vrai. On ne s'est pas aperçu que la déduction proposée fait double emploi : les taxes de toute nature ont déjà été retranchées du revenu pour déterminer les 3,100 millions indiqués comme formant les sources *uniques* de la richesse.

Il y a donc erreur matérielle, et qu'on ne s'en défende pas, car, pour se tirer de cette étourderie, on se jetterait dans l'impossible, dans l'absurde. En effet, si l'on ne s'était pas trompé, les impôts, en prenant le chiffre le plus bas, emporteraient beaucoup plus du tiers du revenu total. De sorte que, tout propriétaire foncier, tout commerçant, tout industriel payant 10 fr. au fisc n'aurait pas 30 fr. de reste. Celui qui aurait 3,000 fr. serait taxé à plus de 1,000 fr. Que l'on regarde autour de soi, et que l'on dise si cela est exact.

Du reste, l'auteur lui-même a pris soin de nous assurer, à la page 16, que cela est impossible. Il faut, suivant lui, au moins 160 fr. par individu pour vivre. Eh bien ! sur ce revenu qu'il réduit à 3,100 millions, prélevons 1,200 millions, minimum des impôts, il restera 1,900 millions, c'est-à-dire 53 fr. 22 c. par tête, ou le tiers environ de 160 fr. Supposons maintenant que les salaires des fonctionnaires et les rentes, dont il n'a tenu aucun compte, s'élèvent à une somme égale aux impôts, et que le revenu national doive être en définitive maintenu à 3,100 millions. Nous n'aurons encore que 86 fr. 83 c. pour chaque individu, ou un peu plus de moitié de 160 fr. Pour arriver à ce dividende, il faut non-seulement s'abstenir de déduire les impôts, mais encore porter, comme nous l'avons déjà vu, le revenu national à 5,712 millions.

C'est donc une erreur comme celle que l'on avait faite, dans la première édition de la brochure, sur le revenu foncier de la Grande-Bretagne ; comme celle qui est échappée lorsque, page 16, on dit : En France, le bien-être a fait des progrès sensibles; et pages 21 et suivantes: La race s'amoindrit, parce que le bien-être diminue.

On a beau grouper les chiffres avec habileté, on vient toujours se heurter contre l'argument du vieux procureur: Item, il faut vivre. Nous avons 35,700,000 habitants; leur bien-être est fort grand, et va toujours croissant; ils paient 1,200 à 1,600 millions d'impôts. Voilà trois termes de la proposition incontestablement fixés. Reste à trouver celui de la richesse. Vous prétendez qu'il ne peut dépasser 3,100 millions. Vous vous trompez nécessairement; c'est un calcul à recommencer. Vos omissions égalent ou à peu près votre total. En voici une, par exemple, que je prends au hasard: Dans la brochure, le profit du fermier ou exploitant français est porté à un cinquième seulement du revenu du propriétaire, par la raison qu'en Angleterre la première de ces deux sources de richesse forme un peu plus du quart de la seconde. Cela n'est vrai que pour une faible partie. L'erreur vient de ce que l'on n'a pas considéré les mœurs et la différence de l'assiette de la propriété dans les deux pays. De l'autre côté de la Manche, le sol est réuni par grandes masses entre les mêmes mains. Un fermier, de même qu'un propriétaire qui fait valoir, est en général un capitaliste qui applique son argent et son talent à l'agriculture, au lieu de l'employer à filer le coton. Il ne pense pas plus à conduire la charrue que le fabricant de tissus ne songe à carder de ses mains. Tous deux, en tous cas, ont recours au travail des mercenaires, et leurs gains sont proportionnels. Le propriétaire en recueille la plus grande part, parce que son capital engagé est plus considérable.

Chez nous, les choses se passent bien différemment. D'abord, il est reconnu que les deux tiers de la population sont occupés à l'agriculture. Ensuite, la répartition du sol est ainsi faite :

1° Un quart est possédé par les grands propriétaires, au nombre de 90,000, qui ont en moyenne 120 hectares chacun ;

2° La classe moyenne des propriétaires comptant environ 350,000 individus, se partagent un autre quart, à raison de 30 hectares chacun ;

3° Le reste, c'est-à-dire la moitié, est entre les mains de 3,500,000 petits propriétaires qui ont environ 6 hectares moyennement.

Il est évident, d'après ces faits, que les deux tiers au moins du sol sont en la possession du propriétaire qui tient la charrue et manie la pioche de ses propres mains. Il recueille d'abord un revenu égal à celui du grand propriétaire, ou sept fois l'impôt. Puis l'intelligence de son travail, son activité, lui rapportent, à titre d'exploitant, non pas, comme l'assure M. Raudot, un cinquième de la somme qui vient d'être indiquée, mais bien un produit égal à cette somme même. En d'autres termes, si l'on prend les impôts pour base de l'évaluation de la richesse foncière en France, on les divisera en deux parts, savoir : un tiers que l'on multipliera par sept, et auquel on ajoutera $^1/_5$ du produit obtenu, et deux autres tiers, dont le facteur sera deux fois sept ou quatorze. En y réfléchissant, on s'assurera que je suis loin de maltraiter la grande propriété. Ceux qui hésiteraient à le reconnaître pourraient consulter les petits cultivateurs, les journaliers possesseurs de terre, et ils verraient que si la journée de l'ouvrier qui a loué son travail rapporte un franc au maître, elle lui en vaut trois quand il cultive son propre champ ; c'est une conséquence nécessaire de la nature des choses. Il n'y a de blâme à jeter sur personne pour cela.

Opérant donc sur ces bases, je dirai l'impôt foncier est de. . . . . . . . . . 281,274,204

Le 1/3 est de. . . . . 93,758,068

| | |
|---|---|
| En multipliant ce 1/3 par 7, on obtient | 656,306,476 |
| Ajoutez le 1/5 pour le bénéfice de l'exploitant . . . . . . . . . . . . . . . | 131,261,295 |
| Les 2/3 restant de l'impôt sont de 187,516,136; multipliés par 7, ils produisent pour le revenu du propriétaire | 1,312,612,952 |
| Le bénéfice de cette catégorie, à titre d'exploitant, égalant au moins celui qu'elle fait à titre de propriétaire, il faut porter encore une fois cette dernière somme, soit. . . . . . . . . . . . . . . | 1,312,612,952 |
| Toutes ces classes de revenus réunies nous donneront une approximation du revenu foncier, soit. . . . . . . . . . . | 3,412,793,675 |

Supposez même qu'au lieu d'être double de celui du grand propriétaire, le revenu net du petit est d'un peu moins de moitié en sus, et multipliez les deux tiers de l'impôt par dix, vous aurez encore une somme totale de 2,662,729,131. La brochure ne la portait qu'à 2,400 millions ; omission : 262 millions.

## DETTES HYPOTHÉCAIRES. — MORCELLEMENT DE LA PROPRIÉTÉ. — SES EFFETS.

### § 1. DETTES HYPOTHÉCAIRES.

Douze milliards et demi d'hypothèques ou priviléges de vendeurs portant intérêt! La France est ruinée! Voici la fin de toutes choses!

Un peu de calme et raisonnons, de grâce. Les Anglais, que vous nous citez sans cesse, disent que leur dette publique fait leur richesse, voyons s'il ne pourrait pas en être de même des dettes hypothécaires en France.

Toute dette est-elle toujours un mal pour celui qui paie l'intérêt? Non, certes. N'y a-t-il pas des cas où il est plus avantageux pour un homme de contracter la dette, que de la repousser? Oui, sans doute.

Dans un pays où règne la grande propriété, comme en Angleterre, une dette hypothécaire est presque sans exception un signe et une cause de ruine pour le débiteur. Elle ne provient guère que du déréglement, de l'excès de la dépense sur le revenu ; mais d'une dépense sans compensation, improductive, qui entraîne une diminution réelle de la recette. Pour acquitter la dette, il faudrait changer ces mêmes habitudes qui l'ont fait naître. On serait obligé de retrancher sur son luxe, de renoncer à la manie de briller. Il faudrait l'impossible enfin. Aussi, un premier pas dans la voie de l'emprunt est-il suivi d'un second, puis d'un troisième, et ainsi jusqu'à la catastrophe. Quelquefois, la chute se diffère pendant plusieurs générations; mais elle arrive. Le duc de Buckingham, pair d'Angleterre, en est un exemple récent. Un beau jour, les domaines, les châteaux, les hautes futaies, les prairies, tout est vendu, et le prix en est partagé entre les prêteurs d'argent. C'est encore là l'issue la plus désirable. Car il peut se faire aussi, comme jusqu'à l'année dernière en Irlande, que les immeubles, ne pouvant être aliénés, sont administrés, ou plutôt ruinés par un séquestre judiciaire. Dans ce cas, ces propriétés tombent bientôt en friche. Voilà ce que l'on peut appeler un mal! Là vous pouvez déplorer les dettes hypothécaires.

Mais en France les choses sont bien changées.

Vous dites que les droits payés à l'enregistrement, pour acquisitions d'immeubles, ont toujours été en croissant, et que, de 1841 à 1847, ils se sont élevés en moyenne à 95,079,000 fr. Qui donc a vendu ainsi? Vous nous l'apprenez vous-même : ce sont les grands propriétaires qui réalisent leurs fortunes. Rarement, bien rarement, chacun de leurs domaines passe-t-il en entier entre les mains d'un seul homme. Et ces acheteurs qui donc sont-ils? De petits propriétaires, ou bien des gens qui vont avoir le bonheur tant désiré de dire pour la première fois : Voici ma terre! Ces acquéreurs, petits propriétaires et prolétaires (je me sers de ce mot, que je soutiens cependant dénué de sens en France), paysans tous, comment paient-ils? S'ils ont

100 fr., ils achètent pour 200 et 300 fr. Quelques-uns ne paient que le coût de l'acte. J'en ai vu de mes yeux qui empruntaient pour payer le notaire. Ce qu'ils ont enfin, ils le donnent comptant ; le reste, ils le soldent petit à petit, avec le produit de leurs sueurs. C'est alors que l'on voit ce que c'est que le travail d'un homme libre. Pour s'acquitter plus vite, et contracter un nouvel achat, ils économiseront sur tout, même sur leur nourriture. Vous trouvez qu'ils ne consomment pas assez de viande de boucherie, et vous les prenez en pitié. Libre à vous, mais eux, ils savent qu'au bout de l'an ils paieront l'intérêt et rembourseront une partie du capital, et ils sont heureux et gonflés d'une fierté que j'aime. En tout cas, n'ayez pas peur qu'ils se plaignent ; ils recommenceront probablement avant d'être complètement libérés. Car la propriété est une passion insatiable, celle du jeu n'en est peut-être qu'une variété.

Je sais bien que les paysans ne sont pas les seuls qui achètent. Mais l'origine de l'acheteur est la même, quatre-vingt-dix-neuf fois sur cent. C'est quelquefois un homme qui doit tout ce qu'il a au commerce ou aux autres professions des villes. Il a eu la patience d'accumuler lentement et laborieusement, pour se procurer une maison et un champ, où il viendra, sur le soir de sa vie, jouir du fruit de ses peines et de ses calculs.

Quant aux prêts hypothécaires, ils proviennent presque toujours de la même source. C'est un vendeur qui a voulu un paiement immédiat. Chacun sait en revanche combien le prix en est diminué.

Voici encore ce qui arrive assez souvent. Un propriétaire aliène sa terre, pour en acheter une autre qui lui convient davantage. Mais, comme il n'a pu vendre au comptant, il prend lui-même des termes pour payer son acquisition. De cette manière, un privilége de vendeur est inscrit sur les deux immeubles, et le chiffre de la statistique est grossi d'autant. Peut-on dire qu'il y a gêne pour le second acquéreur?

Cependant, les saisies immobilières, les faillites, n'augmentent-elles pas, direz-vous? Et comment voulez-vous qu'il en soit autrement? Le nombre des propriétaires suit une progression rapide, le commerce obéit à la même impulsion, et vous exigez que les saisies immobilières et les ventes de faillis restent stationnaires! Est-ce raisonnable? D'ailleurs, est-ce la conséquence de l'existence de la petite propriété? N'y a-t-il pas des saisies immobilières et des faillites dans cette Angleterre, que vous nous donnez pour modèle, et où règne si exclusivement la grande propriété, où le commerce est si vaste?

## § 2. MORCELLEMENT DE LA PROPRIÉTÉ.

Le morcellement de la propriété foncière crée la meilleure, la plus admirable des caisses d'épargne; c'est aussi la plus productive de beaucoup. Quand une fois un homme, un prolétaire y est engagé, il ne peut guère plus s'en retirer que celui qui se trouve engrené dans les rouages d'une machine. N'y eût-il mis que cent francs, ne fût-ce même que sa bonne conduite et ses espérances, en achetant à crédit, il faut qu'il marche, qu'il avance.

Celui qui a porté quelques économies à la caisse d'épargne, s'il est saisi d'un accès de découragement, s'il cède un instant aux désirs de la dissipation, peut retirer son argent, capital et intérêts. Quinze jours y suffisent. Que dis-je? un seul instant, une simple déclaration, et la chose est faite. Il est en quelque sorte obligé de retirer ses fonds, quand il les a demandés. D'ailleurs rien ne le retient, ni la honte d'avoir échoué, ni la crainte de perdre sa réputation de bon ouvrier. Personne n'était informé de son commencement d'énergie, tout le monde ignorera sa faiblesse.

L'homme, au contraire, qui acquiert un immeuble, fait un acte solennel, public, vu et su de tous. Chacun s'en occupe, se demande s'il pourra s'acquitter. Qu'il tarde trop à le faire, et les quolibets ne manqueront pas de venir éperonner sa nonchalance. Je laisse à penser ce que souffre son amour-propre, lorsqu'il est obligé d'avouer son impuissance, et de lâcher prise. Aussi ne se rend-il que devant la force. Il est bien rare qu'un paysan ait vendu son bien, pour payer ses dettes, avant la saisie. Et alors, aux yeux de tous et aux siens propres, c'est un homme perdu d'honneur ; et plût à Dieu que toutes les variétés d'honneur lui fussent aussi sensibles que celle-là.

A quoi ne se résigne-t-il pas, pour échapper à cette flétrissure? Plus de débauche, plus de cabarets, plus même de repas de famille, je l'avoue non sans quelque regret; ou, s'il y en a encore, ils sont bien rares ; car tout cela coûte, et le remboursement, sur le dernier morceau de terre, serait différé d'autant. Il ne connaît plus ni repos, ni trève à ses labeurs. Qui travaille, prie. Quelle grande, quelle magnifique prière en action, s'élève au ciel, de toutes les parties de la France! Il faut bien que je le confesse encore, le cœur ne s'y mêle pas assez peut-être, pour le rapporter à celui par qui tout ce bien se fait. Ses lèvres oublient trop à prononcer le nom de Dieu. Les temples sacrés ne sont guère fréquentés. Si le paysan se donne un moment de relâche, c'est pour aller visiter ses champs, et non pour aller aux offices entendre la voix du pasteur. Mais ayons beaucoup d'indulgence. La propriété est une chose nouvelle pour lui, et il en est enivré.

« Dans les vingt-deux années, de 1826 à 1847, il « s'est vendu des immeubles pour une valeur officielle « de 29 milliards 301 millions. » Et vous trouvez cela mal! Sur ces 29 milliards 301 millions, 25 milliards au moins sont passés dans les coffres des grands propriétaires, qui retiraient tout au plus 2 $^1/_2$ p. 100 de leur capital terre, et qui reçoivent aujourd'hui 5 p. 100 de leur capital argent. Ces mêmes 25 millions se sont répandus, par mille canaux, sur l'industrie et le commerce, où ils produisent encore 10 ou 15 p. 100. Et vous trouvez cela mal!

Sur ces 29 milliards 301 millions, au moins 20 sont sortis du sol fécondé par le travail, les sueurs du prolétaire. Ce sol qui ne rapportait que 2 $^1/_2$ p. 100 du prix d'achat au grand propriétaire, rend 8 et 10 au petit. Et vous trouvez que cela est un mal! Et vous vous plaignez que les capitaux sont consacrés à l'acquisition du sol, et non point à son amélioration, à l'accroissement de la production agricole!

D'un autre côté, ces 20 milliards ont été arrachés à la paresse, à l'indolence, à la dissipation, à la débauche, à l'ivrognerie. Et vous trouvez que cela est un mal! 29 milliards 301 millions en vingt-deux ans! L'imagination en est effrayée. C'est 10 milliards de plus que cette dette nationale anglaise, que les économistes de tous les pays ne peuvent envisager sans stupeur! Tout n'est pas payé sans doute; mais avant 1826, il s'est vendu bien certainement des immeubles, pour une somme de beaucoup supérieure à celle qui reste due, fallût-il regarder comme prix d'immeubles les 12 milliards de créances, dont vous parliez tout à l'heure (*).

Que les amateurs de don Quichottades commerciales viennent donc lire ce chiffre, et qu'ils osent après cela reprocher à la nation française de manquer d'esprit d'entreprise! Que les promoteurs et inventeurs de ces tontines qui n'existent plus; de ces assurances qui n'assurent que le sort de leurs employés; de ces caisses d'épargne propres, tout au plus, à garder l'argent que les bonnes gens enfouiraient, et qui, du reste, n'enseignent l'économie qu'aux économes; qu'ils viennent donc tous, et me disent si, avec leurs commis, caissiers et banquiers, leurs livres, bureaux, divisions, inspec-

(*) On assure, dans la 3e édition de la brochure, que la somme est de 50 milliards en trente-quatre ans; soit, cela ne change en rien mon raisonnement.

tions, et tout l'arsenal enfin de leur centralisation, ils peuvent montrer des résultats analogues! Et remarquez-le bien, ce système exerce, au plus haut point, toutes les qualités qui doivent former le bon citoyen : la patience, la persévérance, le courage, l'habitude de compter sur soi, l'esprit d'indépendance. Tandis que vos caisses de toute sorte tiennent l'homme en tutelle, et lui apprennent à s'appuyer sur autrui.

Un paysan qui paie son champ, retient son capital, et y est attaché par les liens les plus puissants. S'il ne le garde pas, ce sera une exception. Combien, au contraire, y a-t-il de déposants à la caisse d'épargne qui garderont la somme dont le remboursement leur sera fait?

## § 3. QUELQUES OBJECTIONS RÉFUTÉES.

Nous retrouvons dans la brochure toutes les déclamations que ne se sont point épargnées les adversaires du morcellement de la propriété. On aurait droit de s'en étonner; M. Raudot n'avait qu'à ouvrir les yeux pour voir, dans le département qu'il représente, la réponse à toutes ces objections d'agronomes de boudoir; comment donc a-t-il pu les adopter? N'a-t-il pas appris par expérience, lui qui est du nombre des grands propriétaires, comment ceux-ci se lassent si vite de *faire valoir?* Il doit savoir qu'avec beaucoup d'argent, ils font peu d'améliorations et qu'il leur faut un fonds roulant considérable, pour exploiter péniblement et sans grand profit. Les petits propriétaires, au contraire, quand ils ont acheté un champ, n'y dépensent pas d'autre argent que leur temps et leur travail. Ils lui donnent des labours plus nombreux et meilleurs, y sèment à propos ce qui lui convient. Le rendement est plus abondant, dès la première année. Ils recueillent plus de grain et plus de paille ; ayant plus de paille, ils font plus d'engrais; l'augmentation d'engrais ne tarde pas à doubler, à tripler le produit, et cela presque sans bourse délier. Quant au grain, il amène l'argent qui paiera une nouvelle acquisition, déjà projetée sans doute. La transmission de la propriété est donc à elle seule une amélioration immense.

Au lieu de ce bien, qu'arrive-t-il des domaines qui restent agglomérés? La brochure nous l'apprend. Les grands propriétaires, y est-il dit, ne s'occupent de leurs terres, pour la plupart, que pour en toucher les revenus; très-peu d'entre eux consacrent à leurs domaines l'argent nécessaire pour leur faire produire tout ce que l'on en pourrait tirer. Et voilà pourquoi, ajoute-t-on, dans la majeure partie de la France, l'agriculture se traîne dans la vieille routine.

Tout à l'heure on anathématisait la petite propriété; on réprouve à présent la grande : il ne serait pourtant pas mal de dire ce que l'on veut, car, après tout, il faut qu'une porte soit ouverte ou fermée.

Il est probable, à vrai dire, que les sympathies de l'auteur sont pour les grands domaines. Voici, en effet, comment il s'exprime dans le même chapitre :

« Il est une autre cause de ruine pour l'agriculture « française, plus désastreuse encore : c'est le morcelle-

« ment excessif du sol... Il s'agit, non pas de la division
« du sol entre les familles, mais du morcellement de
« la propriété d'une famille en plusieurs parcelles. »

C'est une erreur non moins grande que celle que je viens de combattre. Tout sol n'est pas propre à toutes cultures. Si tout le terrain que possède une famille était d'un seul tenant, elle ne pourrait avoir que certains objets de consommation à l'exclusion de la plupart des autres. Elle serait irrésistiblement entraînée à varier ses produits, qu'elle diminuerait par là même. Pour remédier à cet inconvénient, le petit propriétaire partage ses acquisitions entre les divers sols de son voisinage. Il lui manque, par exemple, des légumes, du vin? A la première occasion, il se procurera par voie d'achat ou d'échange un morceau de terre propre à combler cette lacune. Peut-être il perdra du temps à passer d'une parcelle à l'autre, mais en revanche il aura infiniment moins à courir aux marchés voisins, souvent par le temps le plus précieux, pour vendre ce dont il n'a pas besoin, racheter ce qui lui manque, et se faire duper dans les deux opérations par des commerçants plus rusés que lui.

Cette division a un autre avantage fort grand, c'est qu'elle forme une sorte d'assurance contre les dangers qui menacent les champs. La grêle ne ravage pas tout le territoire d'une commune ; telle localité est frappée de la gelée, telle autre y échappe. Les pertes sont donc toujours partielles pour les petits propriétaires ; elles peuvent entraîner la gêne, mais jamais la ruine. Je ne puis m'étendre davantage sur ce point ; mais comparez les deux termes de l'alternative, et vous verrez que le paysan petit propriétaire n'est pas aussi inintelligent que l'on se plaît à le dire. Vous comprendrez aussi comment, quand il y a dans une succession des terres d'une qualité particulière, tous les héritiers en exigent une portion.

S'il est vrai de dire que le sol est l'instrument du travail de l'agriculteur, il est donc absolument faux d'ajouter que, par le morcellement, il est à moitié brisé dans ses mains. La première qualité d'un instrument, c'est d'être léger et maniable. Le morcellement seul peut diminuer le poids de celui-ci. La réunion du sol en grandes masses l'appesantit : bien rares alors sont les mains capables d'en faire usage utilement. La besogne y perd sous tous les rapports. Je ne joue pas ici sur les mots, les faits attestent suffisamment la vérité de cet argument.

Je ne citerai pas à ce propos les auteurs anglais. Les plus graves d'entre eux se sont laissé aller à des exagérations tout-à-fait hyperboliques sur cette matière. Suivant M. Mac Culloch, par exemple, (a treatise on the succession to property vacant by death. London 1848), l'agriculture anglaise est à l'agriculture française comme 3 est à 1, par la raison que la première occupe un tiers de la population seulement, tandis que la seconde emploie les deux tiers des français, et qu'en même temps le sol des deux pays nourrit ses habitants dans une proportion à peu près égale. Mais depuis le commencement de 1849, époque à laquelle les ports anglais ont été ouverts aux céréales, on a introduit 2,907,813 hectolitres *par mois*. C'est au moins trois fois autant que nous en avons importé *par an*, de 1815 à 1845. Ce raisonnement si spécieux s'est trouvé ainsi renversé de fond en comble par l'expérience.

Laissons donc de côté les étrangers, qui ne peuvent nous édifier sur l'objet de notre recherche, et rentrons en France.

Je ne me livrerai pas à un examen savant sur la production, ni sur les prix d'achat des immeubles divisés ou laissés en masses. La théorie n'a pas bien apprécié ces questions jusqu'à présent, peut-être m'accuserait-on d'erreur à mon tour. Je me renfermerai donc dans la pratique et je demanderai si jamais cent hectares de terre se sont loués, en bloc, cent fois plus qu'un seul hectare. Non, certes. Pourquoi cela, sinon parce que la production des uns n'est pas proportionnelle à celle de l'autre? Evidemment, c'est là la raison de cette différence. Cela se fait remarquer surtout dans les localités qui sont passées d'un système à l'autre. Je connais, par exemple, dans une vallée située à quinze kilomètres au nord d'Auxerre, un domaine qui consistait en six cents arpents, au commencement de ce siècle. Il se louait alors 2,400 fr.; aujourd'hui, il est réduit à cent arpents, et le prix de ferme est resté le même. N'est-ce pas un grand progrès, qu'un produit accru de cinq fois la somme? Dans une plaine voisine de cette terre, l'arpent se vendait trois cents francs au plus, il y a trente ou quarante ans à peine; aujourd'hui, c'est huit à neuf cents francs qu'il faut y mettre. A quoi donc, encore une fois, attribuerez-vous cette augmentation de valeur? N'est-ce point aux pas qu'a faits l'agriculture? Vous ne pouvez le nier. Eh bien! dans le pays dont je parle, le morcellement est poussé aussi loin qu'il peut aller. C'est donc bien à tort qu'on le regarde comme nuisible.

## § 4. COLONISATION. — MARINE.

Etudions bien ce système de mobilisation de la propriété. Là nous trouverons le secret de plus d'un fait, dont on va bien loin chercher la cause. Pour abréger, j'en prendrai deux entre mille. On s'écrie: Nous n'avons pas de colonies, nous n'avons pas de marine, c'est la faute de la centralisation. Je ne la défendrai pas, en principe, mais je dirai qu'on l'accuse ici d'avoir empêché ce que précisément elle a fait, ou du moins ce qu'elle a puissamment contribué à faire.

On l'a dit depuis longtemps, les nations ne font bien que ce qu'elles ne peuvent s'empêcher de faire. Les Anglais, les Ecossais et surtout les Irlandais débordent par torrents dans les colonies. C'est parce qu'ils ne peuvent plus vivre dans leur patrie. L'espace, l'air, l'avenir leur manquent. Ils ont pour alternative, le dépôt de mendicité et l'émigration; ils se résolvent à regret pour la dernière. Lisez les débats du Parlement britannique sur ce sujet, et vous reconnaîtrez que tout ce grand mouvement s'opère, malgré les obstacles que jette sur son passage l'impéritie du gouvernement et de la législature (*).

(*) Ce sont des faits, et non des suppositions, sur les-

Quelle différence dans la position du peuple en France ! Partout, depuis cinquante ans, s'offre un ali-

quels je m'appuie, comme on va le voir. — Le 16 avril 1849, M. Scott, en demandant que le système colonial britannique fût soumis à une enquête, le passa rapidement en revue dans un discours à la Chambre des Communes. Les habitants de nos colonies, dit-il, sont imposés à raison de 33 fr. 60 c. par tête, et de 69 fr. 60 c. si l'on ne tient pas compte des nègres et autres gens de couleur non taxés. Leur gouvernement est entre les mains de l'autorité centrale, séant à Londres, qui les tient dans les liens d'une centralisation inflexible, et met à leur charge des listes civiles énormes, malgré leur volonté bien formellement exprimée.

Le ministre et le sous-secrétaire d'Etat pour les colonies sont renouvelés presque tous les ans, et le ministre lui-même paraît changer de système tous les mois. Une Constitution *envoyée* à la Nouvelle Zélande, fut révoquée avant l'expiration de l'année. Une Constitution fut *envoyée* dans la Nouvelle-Galles du Sud. Quand on vit qu'elle y était hautement désapprouvée, on dit que ce n'était qu'un modèle qu'on avait voulu proposer. La Constitution imposée au cap de Bonne-Espérance y fut tout aussi mal reçue. En ce qui concerne l'achat et la distribution des terres, *neuf principes distincts* ont été posés et *vingt mesures différentes* ont été adoptées depuis quelques années, dans l'Australie seulement. Les gouverneurs bravent les lois. Les mêmes individus cumulent des places à l'infini. On a vu un homme qui remplissait dix fonctions différentes, civiles, navales, militaires et judi-

ment à son esprit d'entreprise, à son ambition. Des régions entières laissées incultes et rendues jadis inaccessibles par la grande propriété, se sont ouvertes devant le paysan. Sa charrue a défriché et défriche encore tous les jours des terrains vierges, comme ceux qu'offrent

ciaires, tandis que son gendre avait sept places, et cela dans la même colonie. Les rapports officiels, publiés au mois de février (1849), constatent que deux millions d'individus ont émigré des Iles Britanniques, pour se rendre aux colonies, dans le cours des vingt-quatre années précédentes ; et cependant la population de toutes les colonies ne s'élève pas à deux millions. Et remarquez-le bien, nos dépôts de mendicité comptent autant d'habitants qu'auparavant. Quarante à soixante pour cent des émigrants britanniques se rendent aux Etats-Unis ; en 1848, la proportion s'est élevée à soixante-seize pour cent. Pendant ces dernières années, cinq cent mille individus ont été reçus aux Etats-Unis, et seulement cinquante mille se sont établis dans nos colonies. L'émigration au Canada a coûté 2,500,000 fr. en un an, ce qui n'a pas empêché que quinze ou seize mille personnes n'y aient péri.

Le sous-secrétaire d'Etat prit la parole et ne lui répondit que par des généralités. S'il énonça quelque chose de positif, ce ne fut que pour faire la louange de la centralisation.

Ce qu'il y a donc de clair, d'incontestable, au fond de tout cela, c'est que la nation britannique peuple des colonies, non par plaisir, non à cause de la perfection de sa législation sur cette matière, mais par pure nécessité.

au planteur les déserts de l'Amérique et de la Nouvelle-Hollande. A quoi bon traverser les mers, pour aller chercher à l'autre bout du monde la mine qu'il trouve à sa porte, et qu'une longue série d'années n'épuisera point. L'agriculture a envahi, avec tant de rapidité, une si vaste superficie que les bras lui manquent pour la cultiver; vous le reconnaissez vous-même. Rejetez sur les campagnes tous les ouvriers qui souffrent dans les manufactures, et elles ne seront pas encore satisfaites. Que serait-ce donc si une partie de cette population avait émigré? Quel profit aurait recueilli la mère-patrie en peuplant des contrées éloignées, tandis que son territoire serait resté improductif?

Toutes les forces vives de la nation sont absorbées à l'intérieur; s'il s'en détache quelque partie pour se jeter au dehors, ce n'est que sous l'impulsion violente de la centralisation. Loin d'entraver la colonisation de l'Algérie, c'est elle au contraire qui l'a faite ce qu'elle est, qui l'a créée de rien. Sans elle, personne n'y serait allé. Nous avons vu pourquoi le paysan n'y aurait pas songé. Les habitants des villes, les artisans qui auraient pu s'y rendre par dégoût n'y auraient pas pris racine; car, dans une colonisation normale, leur présence n'est utile qu'après l'arrivée du cultivateur. Cependant, le gouvernement n'y a guère envoyé d'autres émigrants, qu'il y a nourris et entretenus, et dont quelques-uns sont devenus de vrais colons. La centralisation a dompté en cela la nature même des choses. Dans les colonies, les nouveaux venus s'arrêtent dans les centres peuplés, d'où s'éloignent, pour leur faire place, les anciens habitants, qui vont lutter avec le désert.

Notre propre histoire confirme cette vue. Les Français ont jadis, eux aussi, colonisé au-delà de l'Océan, témoin ce Canada dont la constitution compacte et forte, résiste aux attaques acharnées des anglo-saxons; témoin cette Louisiane, au nom si doux, plusieurs îles des Indes Occidentales, les îles de la Réunion et de France, plusieurs établissements jadis si florissants aux Indes Orientales. Alors aussi coulait à pleins bords sur les mers la population française, parquée, resserrée qu'elle était par la grande propriété, qui lui fermait les campagnes. Aujourd'hui, le vase débarrassé des matières inutiles, est plus profond, plus vaste, il peut contenir pour longtemps encore les flots qui s'accumulent.

Le raisonnement s'applique également, comme je l'ai déjà dit, à la marine. Dans un état de société tel que le nôtre, un établissement maritime, s'il est considérable, ne peut qu'être artificiel. La centralisation seule peut le faire naître et le soutenir.

Notre infériorité ne saurait être considérée, sous ce rapport, comme un signe de décadence, même relative, tant que les autres branches de notre industrie et de notre puissance ne présenteront pas le même phénomène. Je ne sache pas, en effet, qu'une nation, pour être égale ou supérieure à une autre, doive nécessairement présenter avec exactitude les mêmes points de grandeur et de petitesse, de force et de faiblesse. La seule chose à examiner est donc celle-ci : Vaut-il mieux qu'un pays prospère par le commerce que par l'agriculture ? La question ainsi posée, je l'accepte, et je laisse avec confiance au lecteur le soin d'y répondre. En cas de guerre, nous n'aurions pas, il est vrai, des *murailles de bois* pour nous abriter; mais, Dieu merci, notre fidèle épée est encore à notre côté; celle qui nous a sauvés à Bouvines, à Fontenoy; celle qui a triomphé à Austerlitz, et qui nous aurait fait vaincre à Waterloo, si elle n'avait été brisée dans nos mains par la trahison.

Point de colonies, point de marine, enfin, signifie: bien-être et avenir à l'intérieur. C'est donc un véritable progrès et non un signe de décadence. Cela est confirmé par ces 14 milliards de dettes hypothécaires, ces 29 milliards 301 millions payés en vingt-deux ans pour acquisitions d'immeubles : deux choses qui sont une preuve d'activité et d'esprit d'entreprise peut-être sans exemple dans les annales du monde.

## MORALITÉ.

Lorsque j'ai vu M. Raudot chercher à prouver la décadence de la France, par comparaison avec l'Angleterre, et prendre pour arguments la lenteur du mouvement de notre population, notre richesse territoriale, l'assiette de notre propriété, je fus bien étonné; mais, mille fois plus grande fut ma surprise quand j'ai lu son chapitre sur la moralité du peuple dans notre pays. Comme tout son but est d'établir un parallèle de la France avec l'Angleterre, je vais, je l'espère, lui faire confesser qu'il a tout lieu de nous féliciter à cet égard, comme pour le reste.

L'expérience a montré que les crimes sont en raison

directe de la densité de la population : elle est plus grande en Angleterre, donc les crimes y sont plus nombreux.

Il n'est pas moins avéré que, de tous les systèmes sociaux, celui qui a pour base les manufactures en grand, est le plus démoralisateur. Je dirai donc encore : L'Angleterre est immensément plus manufacturière que la France, donc elle est immensément plus immorale. J'ajouterai : La France est immensément moins immorale que l'Angleterre, parce que le paupérisme y est immensément moins développé.

En effet, voici ce qui est constaté par les chiffres officiels. Le meurtre est au moins quatre fois plus nombreux dans les Iles Britanniques qu'en France, même lorsque ce dernier pays est en révolution ;

L'assassinat est au moins moitié plus fréquent ;

Les vols constatés devant les cours d'assises et la police correctionnelle sont quatre fois aussi nombreux, quand on considère leur nombre d'une manière absolue, et ils sont au moins quintuples comparés à la population des deux pays.

Il y a neuf fois autant d'individus condamnés, année moyenne, dans le Royaume-Uni qu'il y en a en France proportionnellement à la population.

M. Moreau de Jonnès, de qui j'emprunte ces rapprochements, fait observer qu'ils sont dans une bien grande erreur, ceux qui accusent d'un débordement de perversité la France telle que l'a faite la révolution ; je dirai moi, telle que l'a faite l'assiette nouvelle de la propriété.

Remarquez, en passant, que l'Angleterre n'est pas affligée par la *surveillance de l'Etat*, telle qu'elle est organisée aujourd'hui, disposition la plus malfaisante qui ait jamais été écrite dans aucune législation criminelle. En vertu de cette loi, un homme, souvent un enfant, coupable quelquefois d'une seule faute, d'une paresse trop prolongée, est saisi et se voit imprimer sur le front le signe de Caïn, puis est rejeté sur la société avec cette malédiction : Ta vie se partagera désormais entre le crime et la prison : tu ne seras jamais honnête homme! Quarante mille de ces êtres dégradés, incarnation vraie de la légende du Juif-Errant, parcourent en tout sens la France sans jamais s'arrêter, et se font condamner incessamment pour ban rompu et vagabondage.

Tant de représentants ont émis des propositions excentriques, impossibles, depuis 1848, comment se fait-il qu'il ne s'en soit pas trouvé un seul qui ait songé à supprimer cet enfer, par une bonne réglementation du principe de cette institution?

Je me rappelle un fait que j'ai entendu raconter avec une naïveté charmante par M. John Dunlop, le vénérable apôtre de la tempérance en Ecosse. Un jour, il apporta à la Société statistique de Londres, dont il est membre, l'ouvrage de M. Léon Faucher, *Etudes sur l'Angleterre*, et y lut le passage où se trouve un parallèle de la moralité à Londres et à Paris. On se moqua fort de ces chiffres et du lecteur. Cependant, sur les instances de ce dernier, on consentit à charger une commission d'aller les vérifier dans les diverses administrations centrales anglaises. A la séance suivante, les commissaires vinrent confesser d'un air piteux que les assertions de l'auteur français n'étaient que trop vraies. Toute la société se récria, et, dans un accès de patriotique indignation, déclara menteuse la science de la statistique, qui osait révéler que la vertueuse Angleterre commettait beaucoup plus de crimes et de délits que la France, *cette sentine d'immoralité, cette Babylone maudite,* comme disent les Anglais.

M. Raudot ne reniera pas la statistique, il en a fait un trop grand usage dans le cours de son ouvrage; mais en rejettera-t-il les résultats, parce qu'ils font l'éloge de la France? Parce qu'ils prouvent précisément le contraire de ce qu'il redoutait si fort, à savoir que, par comparaison avec les autres nations, la France est pour la moralité, non en décadence, mais en pleine voie de progrès?

Les crimes augmentent et cela doit être dans un pays où la population va en croissant, et où l'on a malheureusement introduit le système manufacturier; mais ce mouvement est moins rapide qu'ailleurs. Peut-on désirer plus?

## DÉPÉRISSEMENT DE L'ESPÈCE. — PEUPLE MAL NOURRI.

Le minimum de la taille pour le recrutement de l'armée a été considérablement abaissé depuis 1789. Pour moi, ce que j'y vois de plus clair, le voici : Le législateur a enfin découvert qu'un coup de fusil tiré par un homme de quatre pieds neuf pouces, tue tout aussi bien que s'il partait des mains d'un géant. Cette découverte l'a naturellement conduit à réduire le minimum de la taille des recrues, afin de répartir plus également la charge si pesante de la conscription. Cela fait l'éloge de la perspicacité et de l'esprit d'équité de notre parlement. Voilà tout.

M. Raudot ne voit pas cela du même œil. Il prétend y trouver la preuve que la race s'amoindrit depuis 1789, grâce surtout à la centralisation et à la mauvaise qualité autant qu'à l'insuffisance de la nourriture (*).

(*) Les autres causes énumérées dans la brochure sont insignifiantes ou beaucoup plus fortes chez les nations rivales. Les voici avec des observations succinctes.

1° L'épuisement des hommes valides par les grandes guerres de 1792 à 1815. — Le même effet a été ressenti à peu près également par les autres peuples belligérants.

2° L'accroissement des grandes villes et notamment de Paris, le développement immense du système industriel, l'agglomération des ouvriers dans les grands travaux. — Tous ces faits sont immensément plus marqués dans la Grande-Bretagne. Un tiers à peine de la population y est occupé aux travaux des champs, tandis que les deux tiers au moins des Français sont agriculteurs. Toutes nos villes au-dessus de 10,000 ames, au nombre de 119, y compris Paris, ne possèdent que 2,764,189 habitants; c'est moins que n'en renferment à elles seules Londres, Manchester, Liverpool et Glasgow.

3° La vie démoralisatrice de la garnison. — En Prusse, tout le monde sert au moins trois ans. En Angleterre, on

Je ne dirai rien de la centralisation. Occupons-nous donc de la nourriture. Mais peut-elle bien être la cause d'un pareil effet? Si elle le peut, il faut avouer que c'est un trait particulier à la France, car il en est autrement du Royaume-Uni. L'armée s'y compose pour un tiers d'Anglo-Saxons, tirés des dernières couches de la société dans la Grande-Bretagne où bien certainement règne la faim. Pour les deux autres tiers, elle consiste en Celtes que l'on va chercher dans les districts les plus misérables de l'ouest et du sud de l'Irlande, et dont la plupart n'ont guère goûté de pain ni de viande avant de s'engager. Si les souffrances physiques provenant de la mauvaise qualité ou de l'insuffisance des aliments avaient quelque influence du genre de celle que vous leur attribuez, il y a longtemps que ces peuples seraient réduits à une taille microscopique.

D'ailleurs, vous vous mettez en contradiction avec vous-même, quand vous soutenez cette thèse. Je lis, en effet, page 16 de votre brochure : *En général, en France, le bien-être a fait des progrès sensibles.* Cela est vrai, car ce n'est pas votre faible que les concessions dans ce sens, et vous avez fait spontanément celle-ci. La taille devrait donc être augmentée, non diminuée, depuis 1789; et l'espèce devrait être améliorée, non détériorée.

Songez-y ensuite, si chaque habitant ne consomme

a une armée et par conséquent des casernes, de plus la vie de vaisseau, l'habitation des colonies, etc., qui, à cet égard, ne le cèdent en rien, soyez-en sûr, à l'armée.

et ne peut forcément se procurer par jour qu'une once de viande de boucherie, deux tiers d'once de viande de porc et dix-huit onces de pain, depuis 1789, je vous demande de quoi l'on vivait avant cette époque.

La statistique est une fort belle chose ; mais il n'en faut pas trop. M. Raudot, moins que personne, devrait s'en montrer entêté. S'il en est une plus exacte que les autres, dans laquelle on puisse mettre une confiance plus complète, c'est assurément celle de la population. Tout le monde sait avec quelle puissance la machine administrative manipule cette matière. Eh bien, il prétend y trouver une erreur de 5 millions en 25 ans ! Et c'est lui-même qui va, sur la foi de la statistique de la consommation, faire la part de pain, de viande de porc et de boucherie pour chaque habitant. — Tenez, voici pour chacun une once de l'une, deux tiers d'once de l'autre, dix-huit onces de pain. Prenez et n'en demandez pas davantage. C'est le reste.

Mais il ne sait donc pas comment elle se fait cette statistique des animaux et de la consommation. Je vais le lui dire :

Un beau jour, le ministre de l'agriculture et du commerce éprouve le besoin d'étudier la question des bestiaux (c'est le terme consacré). Il pose, en toute hâte, par une circulaire imprimée à MM. les préfets une série de questions sur *le chiffre des existences en bétail, de la consommation totale du département, et de la consommation moyenne par habitant,* etc. Il est fort difficile, je le sens, ajoute-t-il, de recueillir la plupart de ces renseignements avec une rigoureuse exactitude, mais en prenant l'avis des sociétés d'agriculture, des comices agricoles, des principaux éleveurs et détaillants, vous pourrez, M. le Préfet, remplir au moins approximativement le cadre que je vous trace.

Je désire également *vu l'urgence* que votre réponse me parvienne *avant un mois.*

Une affaire si pressante ne souffre point de délai, comme bien l'on pense. A l'époque dite, arrive donc de chaque chef-lieu une série de chiffres. Si au ministère les chiffres totaux ne paraissent pas cadrer, on les renvoie avec une injonction formelle de rectifier le travail dans tel ou tel sens. Si bien qu'au bout d'une couple de mois, on se trouve à Paris en état de régler le pot au feu de la première ménagère venue, sur un point donné du territoire. Quelque cause a exercé, à ce qu'il paraît, une influence perturbatrice sur le poids des rations, à partir de 1850. Le cas est grave. Aussi s'occupe-t-on en haut-lieu, à ce que dit la chronique, de parer aux terribles conséquences qui pourraient en résulter pour la nation. Nous n'avons plus que patience à prendre. Dans le courant de juin, au plus tard, *vu l'urgence,* nous saurons à quoi nous en tenir. En attendant, on est instamment prié de ne pas dépasser par jour une once de viande de boucherie et deux tiers d'once de porc.

Cessons de plaisanter : convenons que tous ces chiffres sont plus ou moins hypothétiques, et regardons au fond des choses. Vous voulez sans doute encore, suivant votre plan, prouver que nous sommes inférieurs, sur ce point, à l'Angleterre, que vous citerez encore.

N'allez pas m'accuser de prévention contre elle, car je l'aime cette Angleterre. Je l'aime pour sa persévérance, sa tenacité, pour son horreur des révolutions, son intelligence de cette vertu que nous nommons patriotisme. J'aime ses habitants pour la sûreté de leur commerce, pour leur froideur même dont la glace une fois rompue ne se renouvelle pas au premier souffle de la bise; je les aime pour leurs qualités nombreuses, et malgré leurs défauts, comme doit faire toute ame honnête qui a recueilli le bienfait de l'hospitalité. Je l'aime enfin, cette Angleterre, parce que je la connais; mais je suis las de vous l'entendre rappeler, vous et les autres, à tout propos, à tort et à travers; je suis fatigué de voir tant de gens se montrer plus Anglais que les Anglais eux-mêmes.

Pour établir que nous avons la supériorité sur l'Angleterre, à l'endroit de la nourriture du peuple, je n'aurai pas besoin de me lancer sur un océan de chiffres roulant trop souvent au gré du statisticien. Deux mots suffiront.

Dans les deux pays les ouvriers reçoivent des salaires égaux : du moins, c'est une concession que je veux bien faire.

Mais, en Angleterre, les choses nécessaires à la vie coûtent au moins un cinquième plus cher, et les chômages sont fréquents et inévitables : chez cette nation, il y a plus de bras que d'ouvrage, de sorte qu'un homme fort, robuste, très-laborieux, peut y mourir de faim.

En France, au contraire, les choses nécessaires à la

vie coûtent un cinquième de moins ; il y a plus d'ouvrage que de bras, et le manœuvre des campagnes a généralement quelque petite propriété par devers lui. Il est possible qu'un homme ne trouve pas de travail à son choix, mais s'il veut s'occuper, il le pourra toute l'année.

Maintenant, dites-moi lequel est le plus heureux. Ce qu'il y a de positif, c'est que le Français ayant autant d'argent et payant moins cher, peut acheter une plus grande quantité d'aliments, et choisir plus facilement. S'il vit moins bien (ce qui n'est pas) c'est qu'il le préfère. S'il mange moins de viande, en revanche, il boit à pleines gorgées le lait de la liberté, de la vraie liberté, celle de vivre en travaillant, sans s'abaisser jusqu'à tendre la main. Cela vaut bien quelques onces de viande de plus au bout de l'an.

## RÉSUMÉ.

M. Raudot dit que la France a fait des progrès rapides : cela est vrai ; mais il ajoute qu'elle est en pleine décadence parce que les autres pays ont pris les devants sur elle : là est son erreur. J'ai démontré que, de ses propres données, il faut tirer des conclusions diamétralement opposées. Ainsi donc :

Relativement aux nations étrangères, la France n'est pas en décadence sous le rapport du territoire, même quand on ne tiendrait pas compte de l'Algérie, qui cependant a bien son prix : c'est un paradoxe que de le soutenir.

Relativement aux autres nations et surtout à l'Angleterre, la France n'est pas en décadence sous le rapport de la population, mais elle est en pleine voie de progrès et marche avec une grande rapidité : la lenteur du mouvement de sa population en est tout à la fois un signe éclatant, et une cause toute puissante.

Relativement aux autres nations et à l'Angleterre en particulier, la France n'est pas en décadence sous le rapport de la richesse : elle a quintuplé son revenu national et plus que doublé ses produits agricoles, seule véritable richesse après tout, tandis que sa population ne s'est accrue que de quarante pour cent.

Relativement aux autres nations et surtout à l'Angleterre, la France n'est pas en décadence, malgré ses dettes hypothécaires et à cause de la mobilisation et du morcellement de sa propriété foncière, qui sont des éléments irrésistibles et des signes incontestables de prospérité. Ces faits seuls suffiraient, à défaut de tous autres, pour prouver qu'elle a dépassé de bien loin toutes ses rivales.

Relativement, la France n'est pas en décadence, mais au contraire ses progrès sont immenses sous le rapport du bien-être général. Vous le reconnaissez vous-même, page 16, et, par conséquent, le prétendu amoindrissement progressif de la race ne vient pas du régime de vie de plus en plus mauvais, ainsi que vous le soutenez avec beaucoup de chiffres à la page 100 et dans les suivantes.

La centralisation, à laquelle je suis fort loin de tenir beaucoup, ne nous empêche pas d'avoir une marine et de coloniser. C'est au contraire à cette institution que nous devons ce que nous possédons en ce genre.

Je ne parle pas ici de l'armée ni de la remonte de la cavalerie : nous essaierons de nous en tirer, le cas échéant, comme jadis à Arcole et à Austerlitz.

Somme toute, si la France souffre, ce n'est pas dans une seule de ses parties vitales. Toutes sont parfaitement saines et fonctionnent avec une vigueur prodigieuse. Rassurons-nous donc. Notre nation peut être en proie à la centralisation, elle peut avoir le malheur de posséder une école polytechnique, mais, malgré ces entraves, il lui reste encore assez de liberté dans ses mouvements pour marcher résolument vers l'avenir. Déjà elle a devancé ses compagnes sur la route.

Loin donc de tomber dans le découragement, je terminerai, non pas en disant comme M. Raudot :

*Aide-toi et le ciel t'aidera !*

Je m'écrierai, au contraire : Le ciel nous a aidés et nous aidera, parce que nous nous sommes aidés, que nous nous aidons, et que nous nous aiderons.

ERRATA. — Page 19, lignes 12 et 17, au lieu de : *trois millions*, lisez : *deux millions*.

Page 34, note, lignes 7 et 13, au lieu de : 335, lisez : 325.

# TABLE DES MATIÈRES.

Avant-propos . . . . . . . . . . . . . . . . . . . . 3
Exposé . . . . . . . . . . . . . . . . . . . . 5
Territoire . . . . . . . . . . . . . . . . . . . . 10
Armée. — Remonte de la cavalerie. . . . . . . . . 10
Population. . . . . . . . . . . . . . . . . . . . 11
Richesse. . . . . . . . . . . . . . . . . . . . 22
Revenu national . . . . . . . . . . . . . . . . 36
Dettes hypothécaires, etc. . . . . . . . . . . . . 41
§ 1er. Dettes hypothécaires. . . . . . . . . . . . 41
§ 2. Morcellement de la propriété . . . . . . . . 44
§ 3. Quelques objections réfutées. . . . . . . . . 48
§ 4. Marine. — Colonisation. . . . . . . . . . . . 53
Moralité. . . . . . . . . . . . . . . . . . . . 58
Dépérissement de l'espèce. — Peuple mal nourri . . 61
Résumé . . . . . . . . . . . . . . . . . . . . 67

www.ingramcontent.com/pod-product-compliance
Lightning Source LLC
LaVergne TN
LVHW020451230826
846091LV00004B/1650

* 9 7 8 2 0 1 1 7 6 0 8 3 8 *